POUR COMPRENDRE LE CALCUL RÉFLÉCHI

CM1
Cycle 3

Calcul mental avec l'appui de l'écrit

PATRICK DEBÛ
DANIEL PEYNICHOU

HACHETTE
Éducation

AVANT-PROPOS

POURQUOI UN CAHIER DE CALCUL RÉFLÉCHI ?

Les programmes de mathématiques de l'école élémentaire accordent **une place centrale au calcul réfléchi**. Ils insistent sur la diversité des procédures utilisables pour traiter un même calcul, sur la nécessité d'expliciter ces dernières et sur la liberté qu'il convient de laisser aux enfants quant à leur choix. Sauf exception, il est peu vraisemblable que les enfants « inventent » spontanément ces procédures. Il convient donc de leur permettre de les rencontrer dans des exemples résolus et de les mettre en œuvre dans des calculs semblables et simples. Il leur sera alors possible par la suite de choisir dans le répertoire qu'ils auront construit celle qui leur conviendra le mieux à un moment donné.
Coauteurs de la collection « *Pour comprendre les mathématiques* », dans laquelle le ***calcul mental*** a toujours tenu une place privilégiée, nous proposons d'offrir aux enseignants des recueils de fiches prêtes à l'emploi (un par niveau, du CP au CM2) permettant une mise en œuvre immédiate à partir d'un sommaire précis.

QUE PROPOSE CHACUNE DES FICHES DU CAHIER ?

Une procédure adaptée à un type de calcul (somme, différence, produit, quotient) sur un exemple résolu. Une petite mascotte et un ou deux enfants présentent le calcul et la méthode utilisée afin de rendre l'exercice moins austère et moins abstrait.

➲ Une courte batterie de calculs que les enfants effectuent en appliquant la procédure proposée. Le petit nombre d'items et leur simplicité doit conduire à un taux de réussite élevé et conforter les enfants dans l'idée que le calcul peut être une source de plaisir.
➲ Un espace dans lequel l'enfant peut donner son avis sur la difficulté de la tâche qu'il vient d'effectuer en coloriant l'un des trois pictos.
➲ Un bandeau en bas de page qui propose, aux enfants qui le souhaitent, d'autres items de même nature à effectuer sur le cahier de recherche.
Nous pensons en effet que le plaisir de la réussite suscite souvent le désir de prolonger le travail.

Les fiches sont conçues de manière à permettre très rapidement un travail entièrement autonome des enfants.

À QUEL MOMENT UTILISER CE CAHIER ?

Il ne se substitue pas au fichier ou au manuel support des séquences de mathématiques dans la classe. En revanche,
➲ il peut être un outil privilégié d'entraînement au calcul réfléchi : une correction immédiate et collective est alors souhaitable ;
➲ il peut aussi, dans les mêmes conditions, être utilisé comme instrument d'évaluation des compétences « calculatoires » des enfants ;
➲ il peut enfin jouer le rôle de recueil d'exercices à faire à la maison, le soir ou à l'occasion des petites vacances, pour mieux assurer ses compétences. Les exercices sont légers, ils s'apparentent aux quatre vers du poème à réviser ou à la page de lecture à revoir. Les enfants peuvent travailler en toute autonomie, sans recours à un tiers. Ce mode d'utilisation n'est donc aucunement contradictoire avec les instructions officielles.

Les auteurs

1 Comptage de 5 en 5

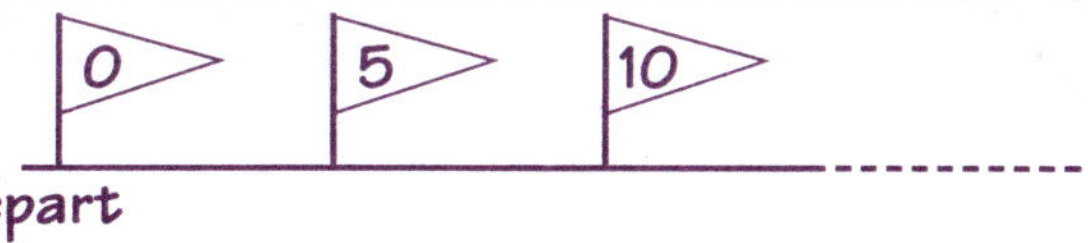

❶ 0 ; 5 ; 10 ; 15 ; ...... ; ...... ; ...... ; ...... ; ......

❷ 8 ; 13 ; ...... ; ...... ; ...... ; ...... ; ......

Complète le travail de Julia et celui de Driss en écrivant les cinq nombres suivants de leurs suites.

ⓐ Effectue le même travail en comptant de 5 en 5 à partir de 4, de 7 et de 1. Écris les sept premiers nombres.

❸ 4 ; 9 ; 14 ; 19 ; 24 ; 29 ; 34 ; 39

❹ 7 ; 12 ; 17 ; 22 ; 27 ; 32 ; 37 ; 42

❺ 1 ; 6 ; 11 ; 16 ; 21 ; 26 ; 31 ; 36

Les chiffres des unités d'une même suite peuvent-ils avoir n'importe quelle valeur ? OUI ☐ NON ☒

ⓑ Dans quelle suite se trouve :

- le nombre **1 023** ? 4 ....
- le nombre **942** ? ....

ⓒ En comptant de 5 en 5, écris les cinq nombres qui suivent.

693 ; .... ; .... ; .... ; .... ; ....

1 981 ; .... ; .... ; .... ; .... ; ....

Tu peux t'entraîner à compter de 5 en 5.

874 ....

20 985 ....

2 Comptage de 25 en 25

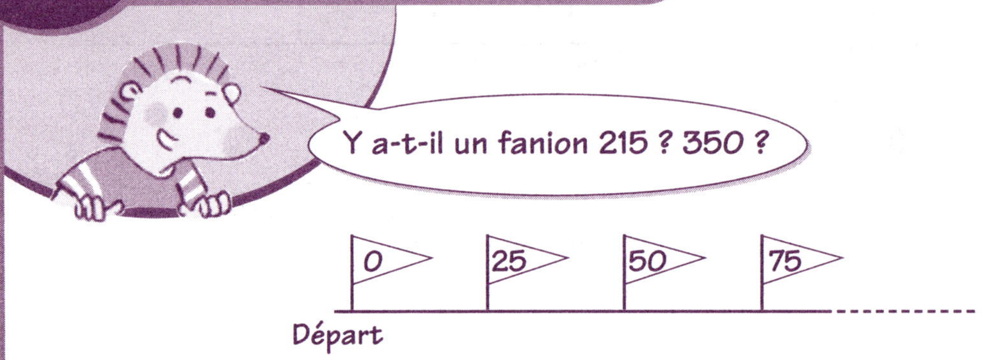

Pour le savoir complète donc ma suite de 25 en 25 !

0 ; 25 ; 50 ; 75 ; 100 ; ...... ; ...... ; ...... ; ...... ; ...... ; ......

Complète la suite de Loïc.

Y trouves-tu 215 ? OUI ☐ NON ☐

Y trouves-tu 350 ? OUI ☐ NON ☐

Écris les cinq nombres qui suivent le premier quand on compte de 25 en 25.

① 15 ; 40 ; ...... ; ...... ; ...... ; ......

② 5 ; ...... ; ...... ; ...... ; ...... ; ......

③ 10 ; ...... ; ...... ; ...... ; ...... ; ......

④ 355 ; ...... ; ...... ; ...... ; ...... ; ......

FACILE — ASSEZ DIFFICILE — DIFFICILE

Tu peux t'entraîner en écrivant les six nombres qui suivent le premier en comptant de 25 en 25.

11 ....

6 ....

16 ....

3 Ajouter un nombre d'un chiffre

$$2\,035 + 7 = (2\,035 + 5) + 2$$
$$= 2\,040 + 2$$
$$= 2\,042$$

Calcule à ton tour comme Fabio.

1 318 + 6	2 526 + 8	3 916 + 5
2 107 + 4	3 047 + 7	6 098 + 4
10 317 + 8	15 906 + 6	25 438 + 4

Tu peux t'entraîner à calculer avec les nombres suivants.

4 787 + 6 5 998 + 5 7 236 + 8 33 297 + 4 21 655 + 8

4 Sommes de dizaines entières

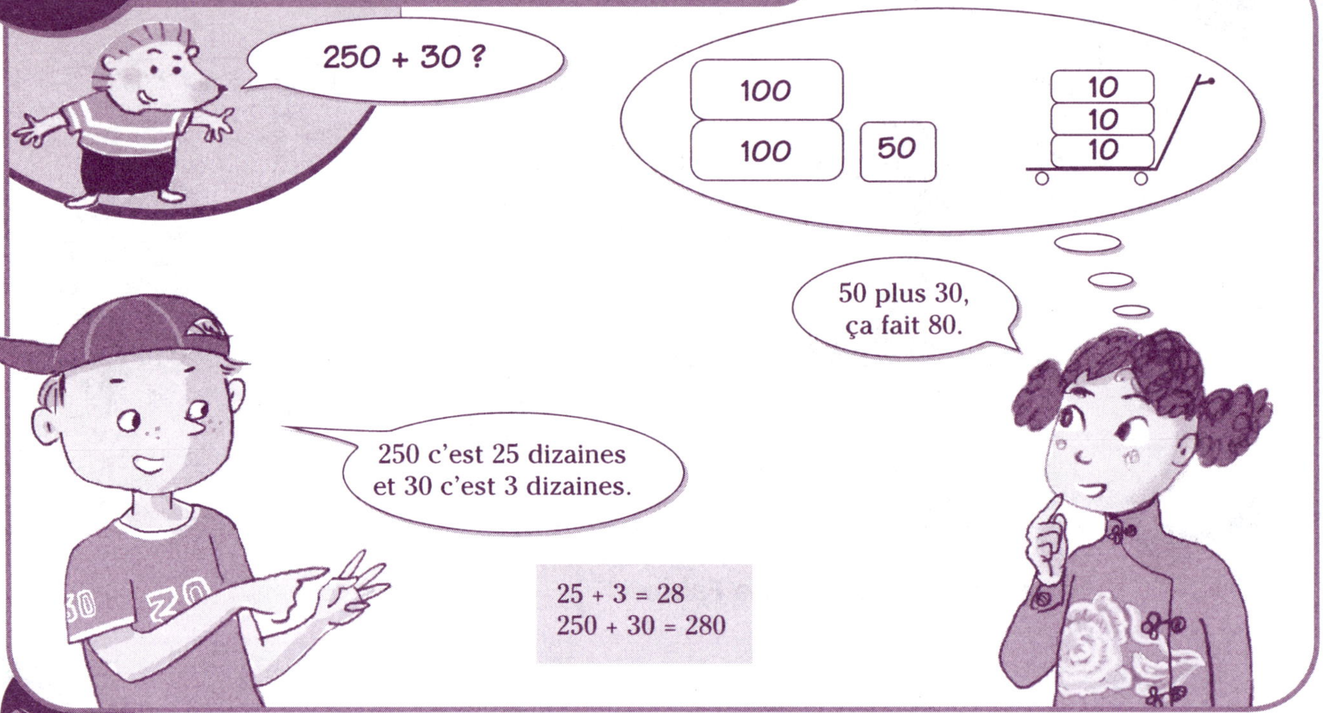

Calcule à ton tour comme Léo.

140 + 50

170 + 40

220 + 70

180 + 90

360 + 50

410 + 80

530 + 40

590 + 30

370 + 60

Tu peux t'entraîner à calculer avec les nombres suivants.

670 + 40   380 + 30   590 + 60   450 + 90   830 + 80

5 Ajouter des dizaines entières à un nombre

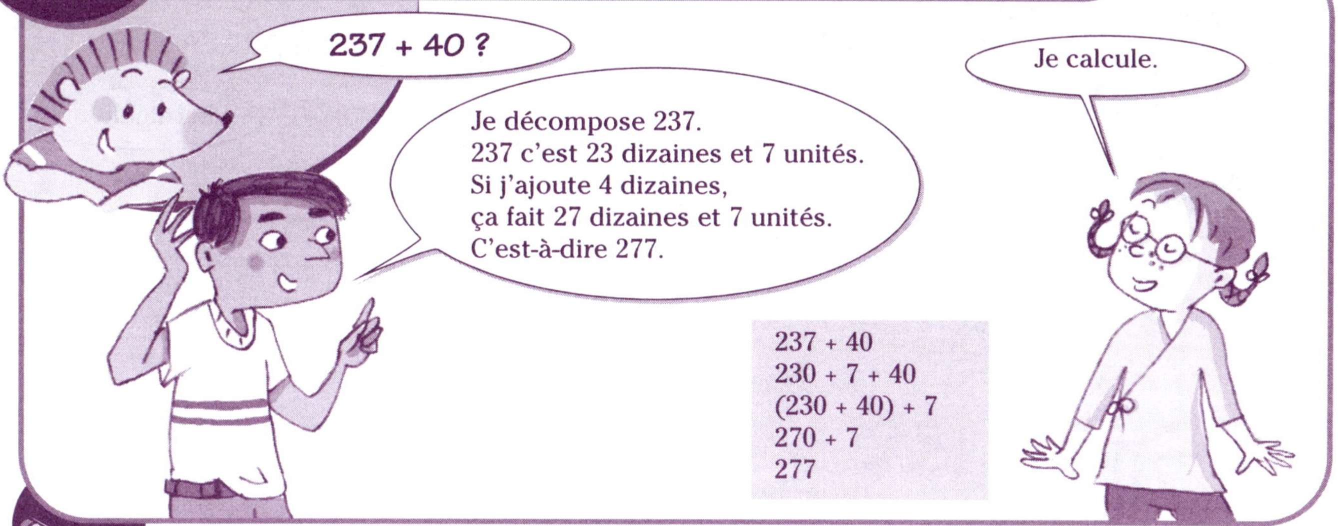

237 + 40
230 + 7 + 40
(230 + 40) + 7
270 + 7
277

Calcule à ton tour comme Zoé ou comme Hugo.

136 + 50	165 + 30	319 + 70
157 + 60	263 + 40	434 + 80
541 + 20	662 + 50	384 + 30

Tu peux t'entraîner à calculer avec les nombres suivants.

834 + 60 189 + 50 729 + 70 275 + 60 853 + 80

6 Ajouter des centaines entières à un nombre

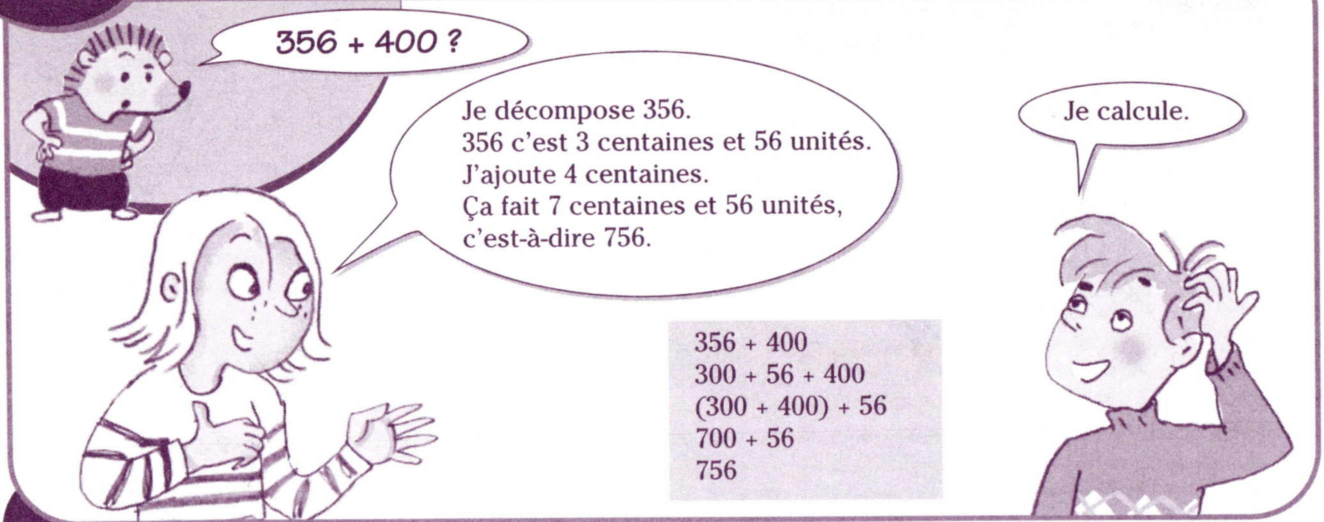

356 + 400
300 + 56 + 400
(300 + 400) + 56
700 + 56
756

Calcule à ton tour comme Nora ou comme Lucas.

238 + 600	409 + 500	351 + 400
623 + 400	895 + 300	726 + 500
1 056 + 400	2 354 + 200	2 876 + 400

Tu peux t'entraîner à calculer avec les nombres suivants.

4 256 + 700   2 624 + 700   3 512 + 800   1 982 + 500   5 467 + 600

7 Ajouter 9, 19, 29

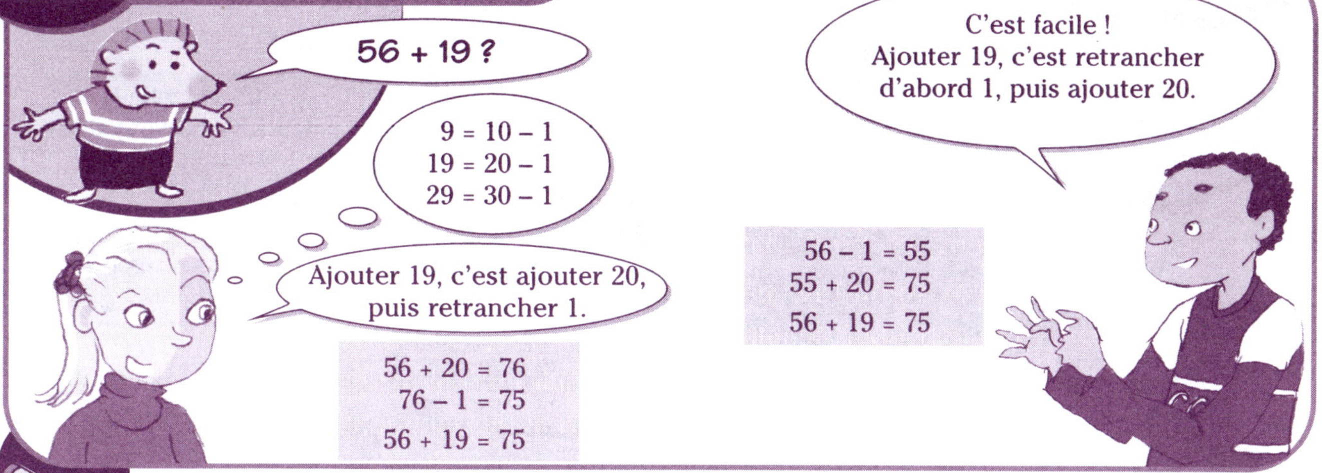

Calcule à ton tour comme Maurine ou comme José.

85 + 9	94 + 9	67 + 19
46 + 39	53 + 69	28 + 49
63 + 59	77 + 29	86 + 49

Tu peux t'entraîner avec les nombres suivants.

38 + 39 42 + 69 83 + 49 77 + 89 64 + 59

8 Ajouter 8, 18, 28…

Calcule à ton tour comme Zélia ou comme Malik.

63 + 8	97 + 8	74 + 18
56 + 28	45 + 58	88 + 38
24 + 48	77 + 58	95 + 28

Tu peux t'entraîner à calculer avec les nombres suivants.

43 + 28 | 76 + 58 | 126 + 8 | 145 + 38 | 452 + 68

9 Somme de deux nombres de deux chiffres

37 + 24
50 + 11
61

37 + 24
37 + (3 + 21)
(37 + 3) + 21
40 + 21
61

37 + 24
(31 + 6) + 24
31 + (6 + 24)
31 + 30
61

37 + 24 = 61

Calcule par la méthode de ton choix.

27 + 46	54 + 38	72 + 45
68 + 43	24 + 86	55 + 64
52 + 59	38 + 68	86 + 45

Tu peux t'entraîner à effectuer les calculs suivants.

73 + 44   37 + 26   62 + 69   53 + 88   57 + 56

10 Ajouter un nombre par sauts successifs

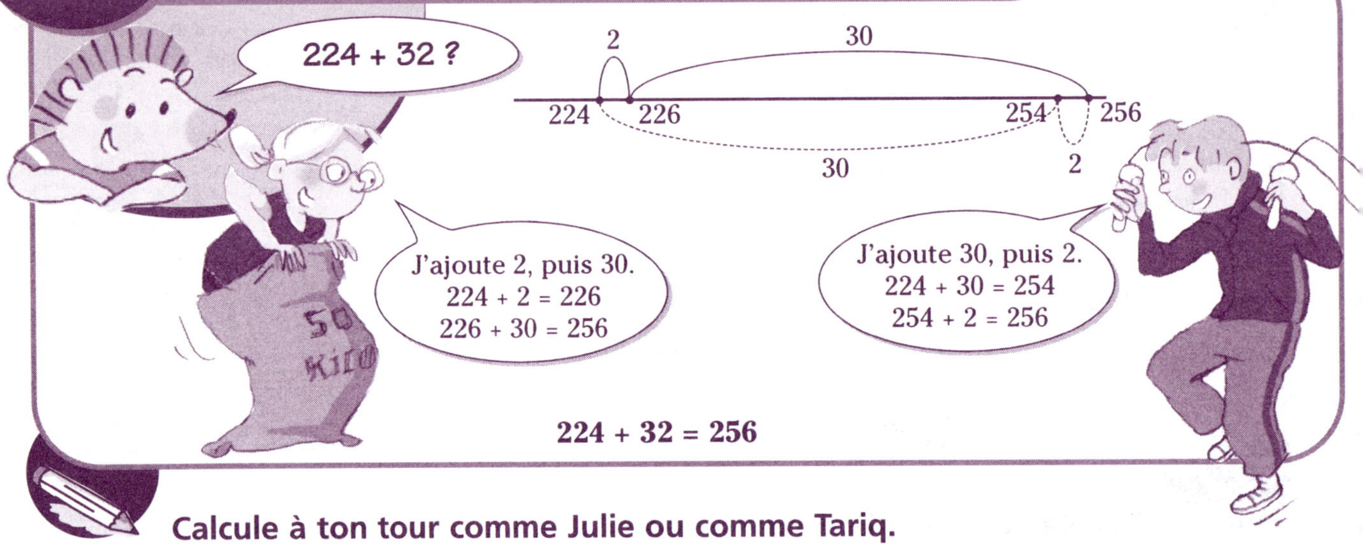

224 + 32 = 256

Calcule à ton tour comme Julie ou comme Tariq.

367 + 56

538 + 67

423 + 92

153 + 147

206 + 154

166 + 358

425 + 326

87 + 548

216 + 437

Tu peux t'entraîner avec les nombres suivants.

192 + 85   226 + 149   257 + 325   188 + 243   267 + 276

11 Organiser un calcul additif

38 + 2<u>4</u> + **32** + 1<u>6</u>
(**38** + **32**) + (2<u>4</u> + 1<u>6</u>)
(30 + 30 + **10**) + (20 + 10 + <u>10</u>)
70 + 40
110

Calcule à ton tour comme Éva ou comme Antoine.

52 + 15 + 38

17 + 25 + 23 + 35

14 + 29 + 21 + 16

45 + 15 + 23 + 37

Tu peux t'entraîner à calculer avec les nombres suivants.

28 + 33 + 27 + 32   35 + 21 + 15 + 33   19 + 31 + 36 + 14

12 Retrancher un petit nombre

Calcule à ton tour comme Chloé ou comme Daphnis.

31 – 4	45 – 8	64 – 6
127 – 4	236 – 3	488 – 5
243 – 7	121 – 5	352 – 6

Tu peux t'entraîner à calculer avec les nombres suivants.

103 – 6   123 – 7   258 – 5   352 – 4   646 – 9   321 – 5

13 Retrancher 9

273 – 9 ?

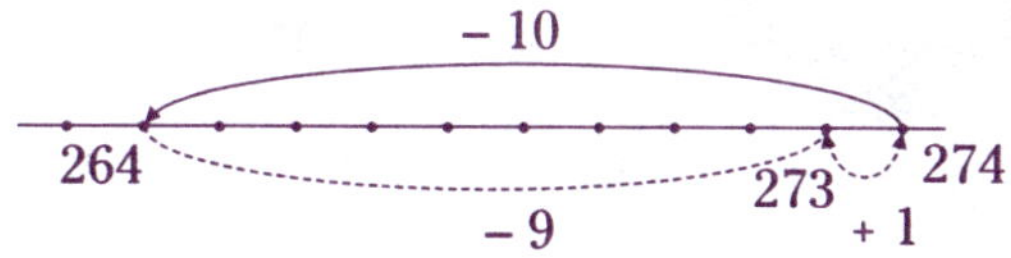

Moi, j'ajoute d'abord 1, puis je retranche 10.

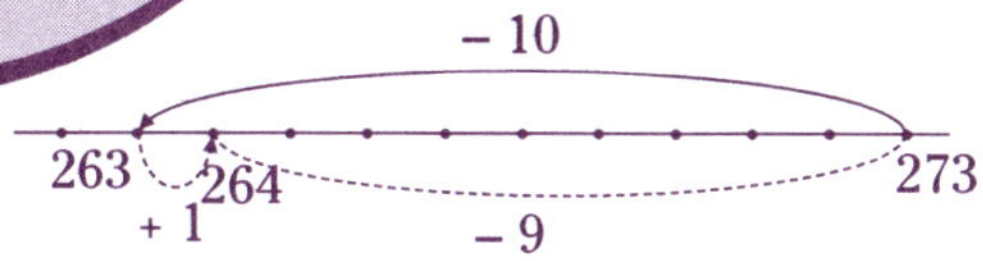

9, c'est 10 – 1.
J'enlève 10 et j'ajoute 1.

273 – 10 = 263
263 + 1 = 264
273 – 9 = 264

273 + 1 = 274
274 – 10 = 264
273 – 9 = 264

Calcule à ton tour comme Enzo ou comme Lola.

71 – 9	182 – 9	157 – 9
263 – 9	686 – 9	420 – 9
304 – 9	705 – 9	1 006 – 9

Tu peux t'entraîner à calculer avec les nombres suivants.

302 – 9 714 – 9 295 – 9 302 – 9 222 – 9

14 Retrancher 8

401 – 10 = 391
391 + 2 = 393
401 – 8 = 393

401 + 2 = 403
403 – 10 = 393
401 – 8 = 393

Calcule à ton tour avec la méthode d'Ameline ou de Coraline.

92 – 8	66 – 8	123 – 8
211 – 8	155 – 8	284 – 8
647 – 8	402 – 8	1 005 – 8

Tu peux t'entraîner à calculer avec les nombres suivants.

83 – 8 542 – 8 191 – 8 327 – 8 745 – 8 5 236 – 8

15 Retrancher des dizaines entières (sans passage de la centaine)

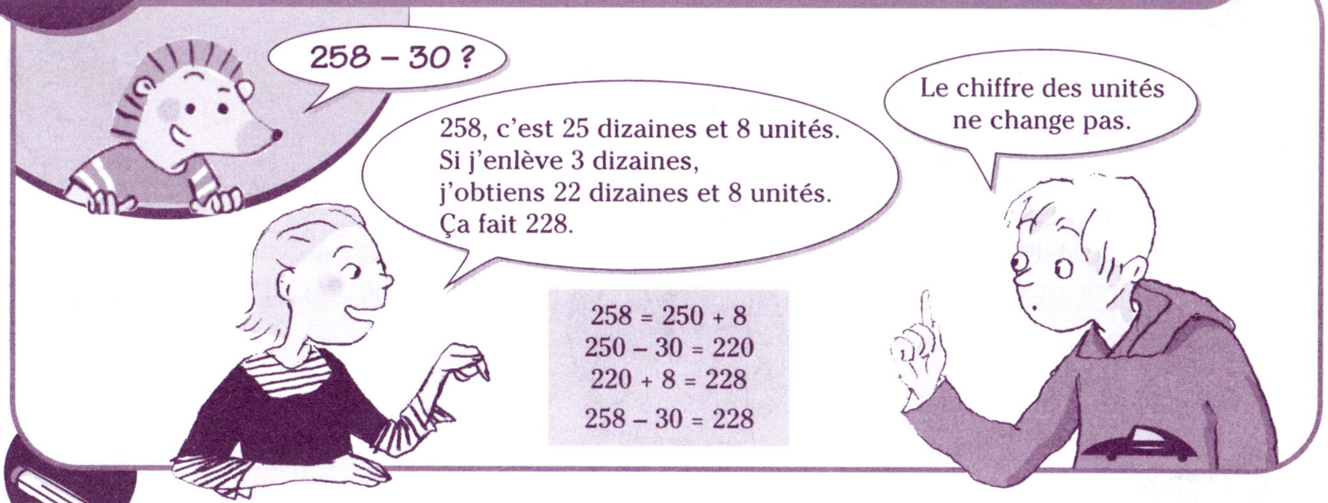

258 = 250 + 8
250 – 30 = 220
220 + 8 = 228
258 – 30 = 228

Calcule à ton tour comme Iris ou comme Mathieu.

182 – 40	136 – 20	173 – 30
291 – 70	643 – 10	488 – 50
1 254 – 40	2 389 – 60	3 147 – 30

FACILE
ASSEZ DIFFICILE
DIFFICILE

Tu peux t'entraîner à calculer avec les nombres suivants.

187 – 40   495 – 70   352 – 20   4 236 – 10   4 089 – 50

16 Retrancher des dizaines entières (avec passage de la centaine)

Calcule à ton tour comme Violetta ou Alfredo.

108 – 30

227 – 40

212 – 20

551 – 80

347 – 60

665 – 70

503 – 90

1 142 – 50

1 214 – 30

Tu peux t'entraîner à calculer avec les nombres suivants.

728 – 80 453 – 90 902 – 40 2 365 – 70 2 914 – 50

17 Retrancher 19

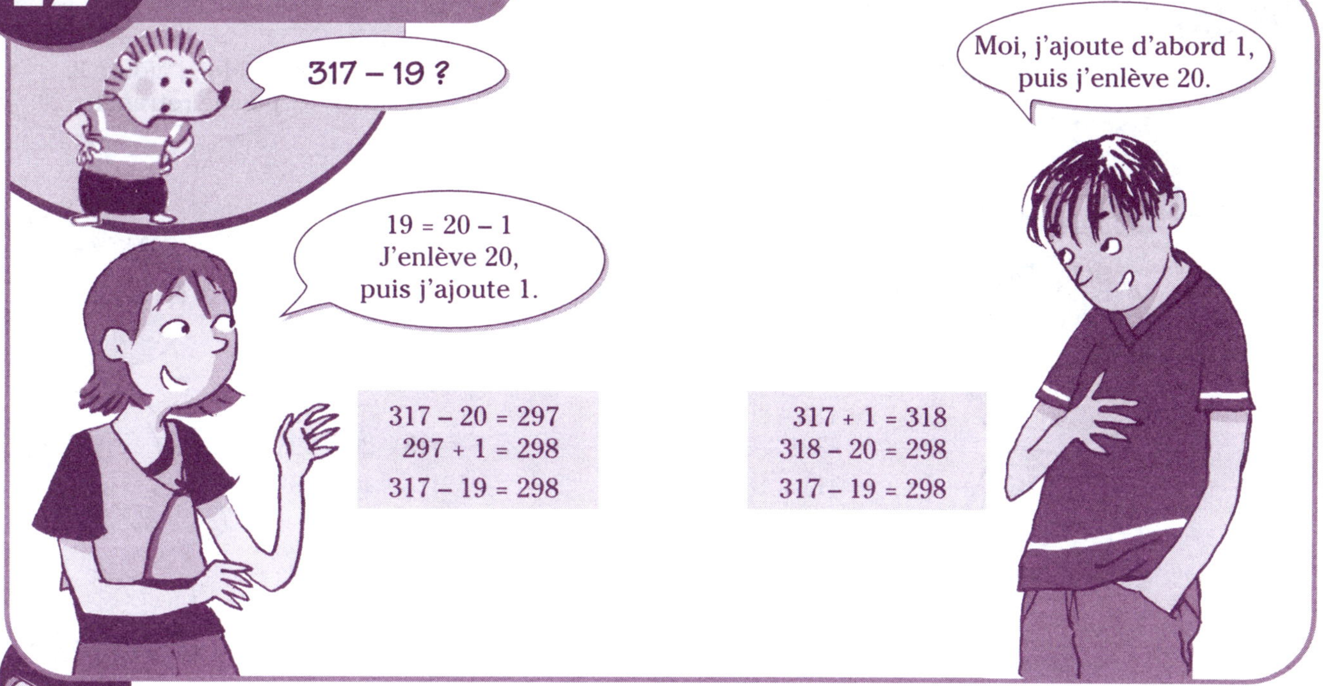

317 – 20 = 297
297 + 1 = 298
317 – 19 = 298

317 + 1 = 318
318 – 20 = 298
317 – 19 = 298

Calcule à ton tour avec la méthode de Lucie ou celle de Paul.

55 – 19

92 – 19

131 – 19

243 – 19

306 – 19

324 – 19

Tu peux t'entraîner à calculer avec les nombres suivants.

527 – 19   258 – 19   506 – 19   841 – 19   1 234 – 19

18 Retrancher 18

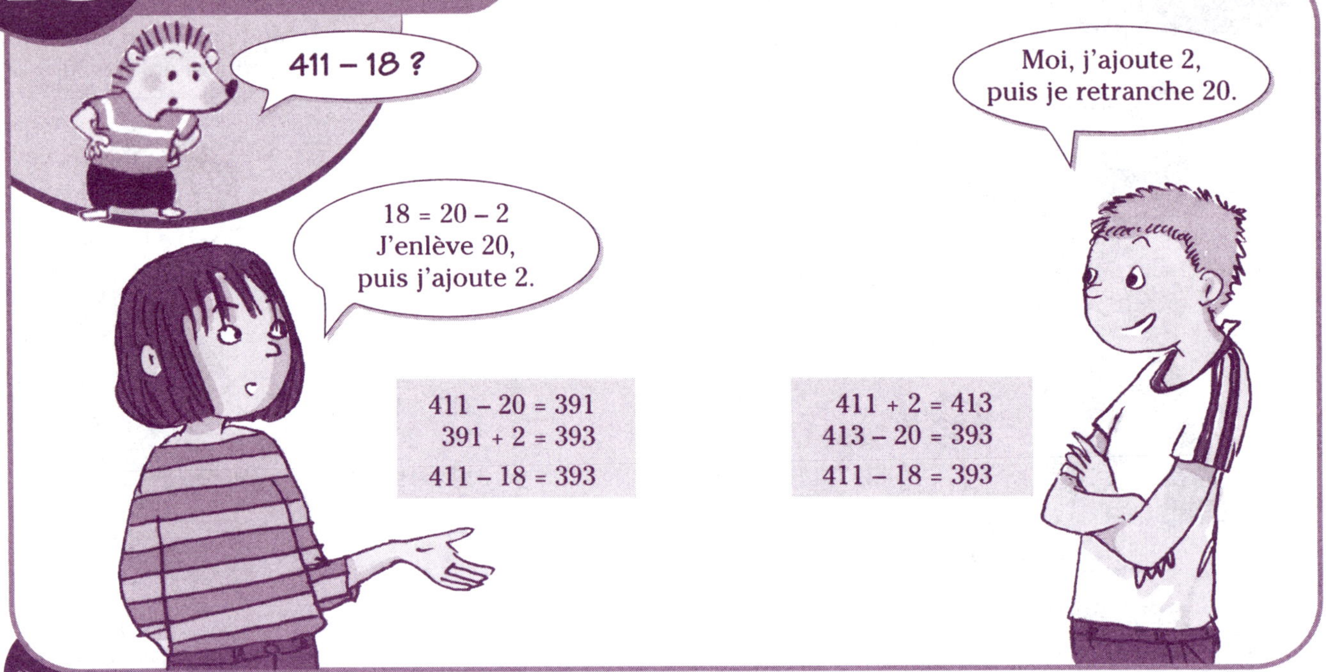

411 – 20 = 391
391 + 2 = 393
411 – 18 = 393

411 + 2 = 413
413 – 20 = 393
411 – 18 = 393

Choisis la méthode de Clara ou celle de Guido et calcule.

83 – 18

125 – 18

163 – 18

354 – 18

507 – 18

1 286 – 18

Tu peux t'entraîner à calculer avec les nombres suivants.

92 – 18 238 – 18 756 – 18 352 – 18 2 385 – 18

19 Retrancher un nombre (saut avant)

Calcule à ton tour comme Gaëlle.

75 – 38

91 – 53

63 – 25

154 – 87

266 – 58

170 – 84

FACILE

ASSEZ DIFFICILE

DIFFICILE

Tu peux t'entraîner à calculer avec les nombres suivants.

65 – 38   92 – 54   203 – 56   384 – 65   405 – 12

20 Retrancher un nombre (course en arrière 1)

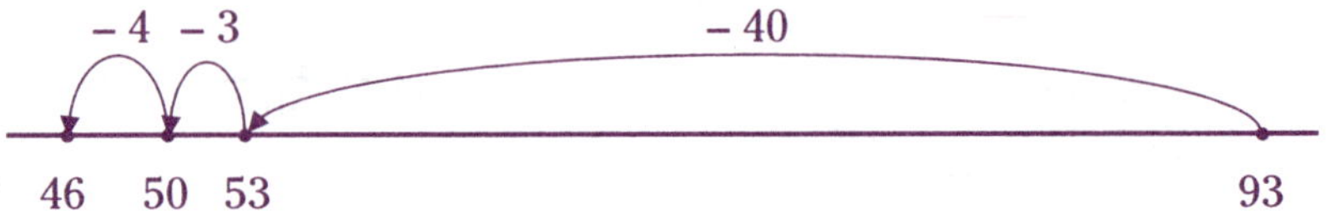

J'enlève d'abord 40 : 93 – 40 = 53,
j'enlève ensuite 3 : 53 – 3 = 50,
j'enlève enfin 4 : 50 – 4 = 46.

93 – 47 = 46

Calcule à ton tour.

61 – 23

84 – 38

106 – 57

254 – 66

318 – 254

635 – 423

FACILE

ASSEZ DIFFICILE

DIFFICILE

Tu peux t'entraîner à calculer avec les nombres suivants.

742 – 356   838 – 543   267 – 184   644 – 355   921 – 432

21 Retrancher un nombre par étapes (course en arrière 2)

258 – 3 = 255
255 – 50 = 205
205 – 20 = 185
258 – 73 = 185

258 – 8 = 250
250 – 5 = 245
245 – 60 = 185
258 – 73 = 185

Calcule par la méthode de Jade ou celle de Colin.

146 – 84

365 – 142

284 – 126

445 – 263

508 – 326

743 – 365

Tu peux t'entraîner à calculer avec les nombres suivants.

645 – 432 426 – 287 313 – 454 728 – 263 512 – 138

22 Calculer une différence par différences égales (1)

La différence de taille entre Coco et Lulu ne change pas quand ils montent sur la table !

Calcule à ton tour avec la méthode de ton choix.

27 – 13

56 – 27

65 – 44

96 – 52

71 – 36

84 – 55

Tu peux t'entraîner à calculer avec les nombres suivants.

38 – 17 52 – 36 76 – 28 65 – 24 91 – 43

23 Calculer une différence par différences égales (2)

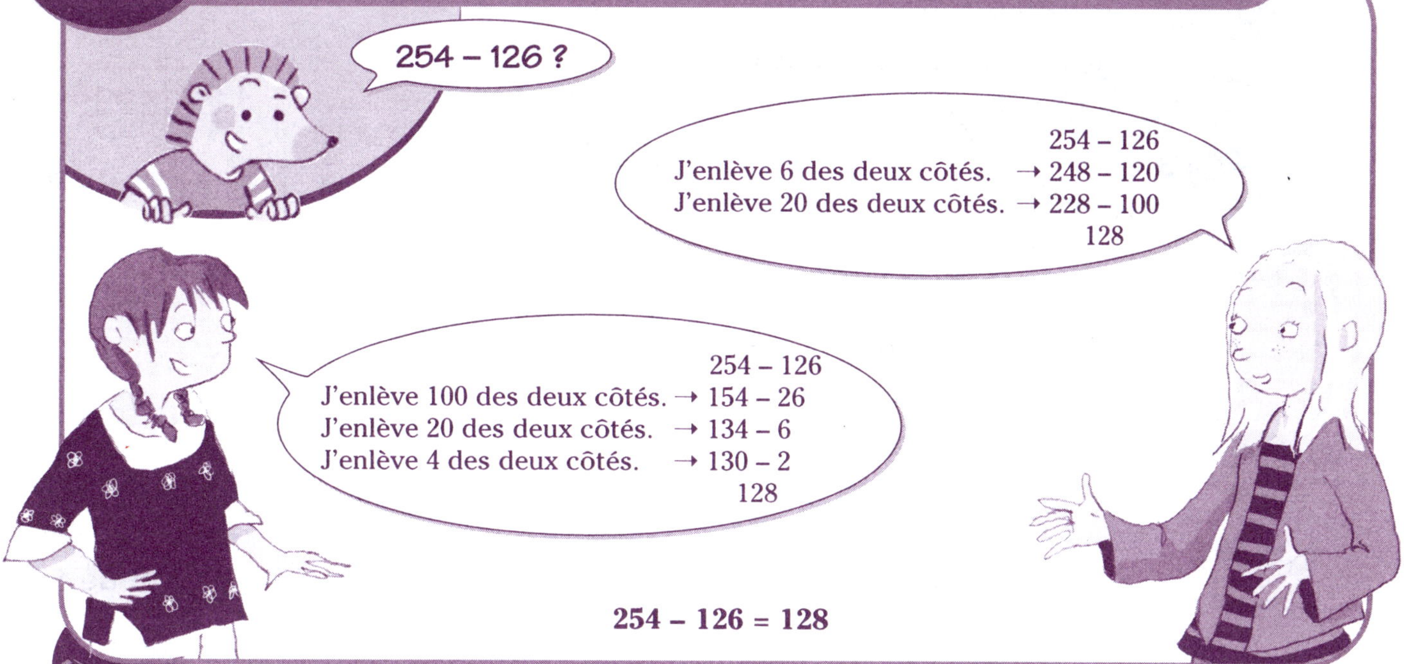

254 – 126 = 128

Calcule à ton tour par la méthode que tu préfères.

143 – 55

235 – 118

289 – 137

452 – 234

561 – 326

826 – 572

Tu peux t'entraîner à calculer avec les nombres suivants.

142 – 85　　385 – 166　　228 – 118　　504 – 367　　483 – 262

24 Petits produits – Tables de 2 et de 5

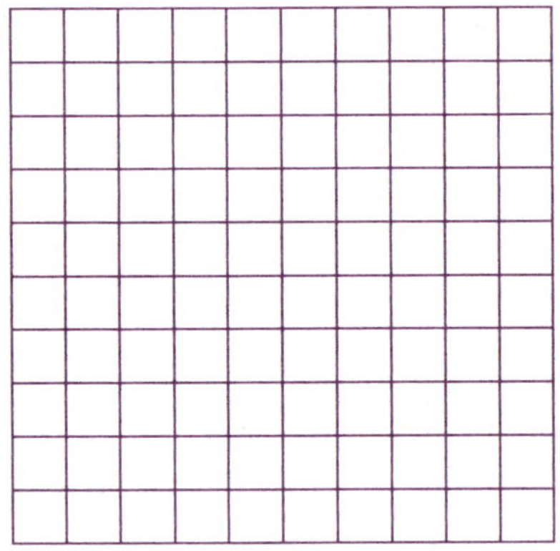

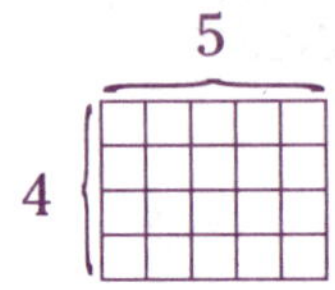

4 × 5 = 5 × 4 = 20

ⓐ Complète la petite table de Pythagore, ainsi que les tables de 2 et de 5.

×	**1**	**2**	**3**	**4**	**5**
1	1	2	3	4	5
2	2	4	6	8	...
3	3	6	...	...	...
4	4	8	...	...	...
5	5	...	...	...	...

×2

1	2	3	4	5	6	7	8	9	10
2	4	6	...	...	...	...	...	...	...

×5

1	2	3	4	5	6	7	8	9	10
5	10	15	...	...	...	...	...	...	...

ⓑ Par quoi faut-il multiplier 3 pour obtenir 12 ? ....

Par quoi faut-il multiplier 5 pour obtenir 35 ? ....

Par quoi faut-il multiplier 9 pour obtenir 45 ? ....

Par quoi faut-il multiplier 4 pour obtenir 16 ? ....

ⓒ Complète.

5 × .... = 40 　　 2 × .... = 18 　　 .... × 3 = 15

ⓓ Écris tous les produits égaux à 16.

16 = × .... = ... × .... = ... × ....

Tu peux t'entraîner en écrivant tous les produits égaux à chacun des nombres suivants.

12 　 18 　 24

25 Retrouver les tables de 3, 4 et 8

7 = 2 + 5
3 × 7 = (3 × 2) + (3 × 5)
6 + 15
21

3 = 2 + 1
3 × 7 = (2 × 7) + 7
14 + 7
21

ⓐ **Calcule comme Daphnis ou Chloé.**

6 × 3 3 × 4 9 × 3

ⓑ **4 est le double de 2. Calcule les produits suivants.**

6 × 4 7 × 4 4 × 8

ⓒ **8 est le double de 4. Calcule les produits suivants.**

8 × 6 7 × 8 9 × 8

Tu peux t'entraîner à calculer les produits suivants.

4 × 9 3 × 8 8 × 8

26 Retrouver les tables de 6 et de 7

$7 = 5 + 2$
$7 \times 7 = (7 \times 5) + (7 \times 2)$
$35 + 14$
49

$7 \times 7 = (7 \times 4) + (7 \times 3)$
$28 + 21$
49

ⓐ **Calcule à ton tour selon la méthode qui te convient.**

7×6 8×7 9×7

ⓑ **6 = 1 + 5 = 2 + 4 = 3 + 3.**
Calcule de trois façons différentes le produit 9 × 6.

9×6 9×6 9×6

FACILE
ASSEZ DIFFICILE
DIFFICILE

Tu peux t'entraîner à calculer les produits suivants des deux façons différentes.

8×9 9×9 5×9

27 Multiplier par 9, multiplier par 11

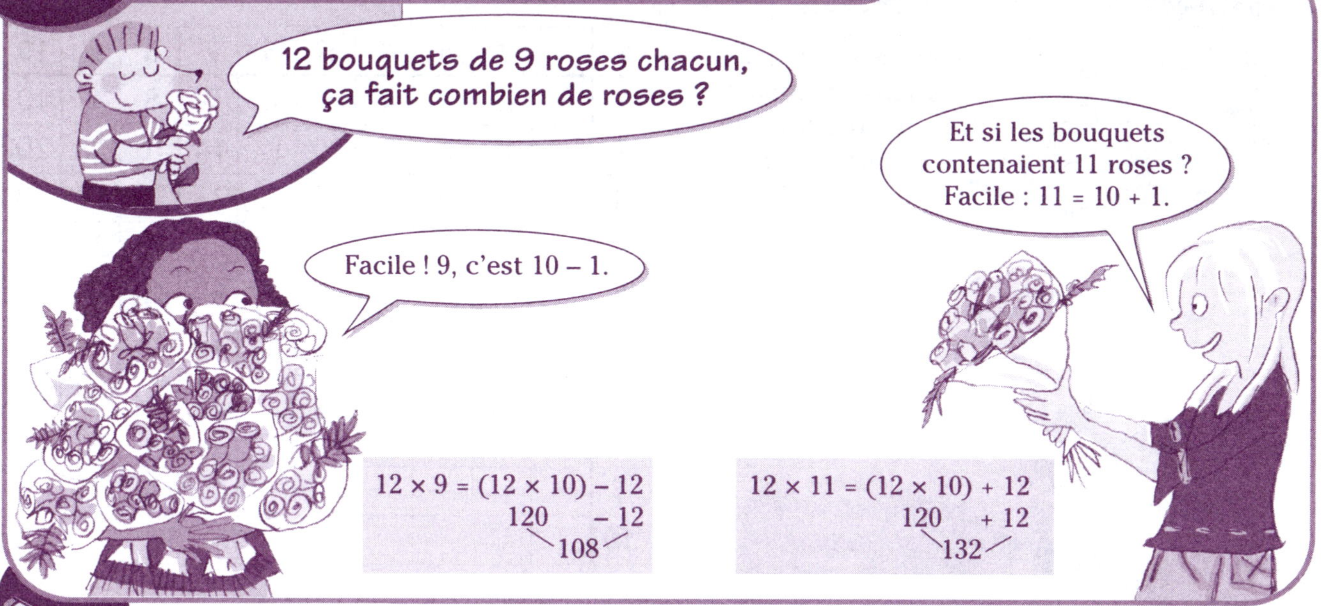

12 × 9 = (12 × 10) – 12
120 – 12
108

12 × 11 = (12 × 10) + 12
120 + 12
132

ⓐ **Choisis ta méthode et calcule les produits suivants.**

9 × 9 13 × 9 16 × 11

ⓑ **Maintenant, complète la table.**

×	6	7	8	9	10	11
6	36	...	...	...	...	...
7	...	...	...	...	...	...
8	...	...	...	...	...	...
9	...	...	...	...	...	...
10	...	...	...	...	...	...
11	...	...	...	...	...	...

Tu peux t'entraîner à calculer les produits suivants.

9 × 16 15 × 9 35 × 9 17 × 11 24 × 11 45 × 11

28 Manipuler les petits produits

×	1	2	3	4	5	6	7	8	9	10
1	1	2	3	4	5	6	7	8	9	10
2		4	6	8	10	12	14	16	18	20
3			9	12	15	18	21	24	27	30
4				16	20	24	28	32	36	40
5					25	30	35	40	45	50
6						36	42	48	54	60
7							49	56	63	70
8								64	72	80
9									81	90
10										100

Calcule, puis réponds aux questions.

**ⓐ On distribue 32 cartes à 4 joueurs.
Combien de cartes chaque joueur reçoit-il ?**

**ⓑ Les 56 danseuses du ballet forment des rondes de 8.
Combien de rondes forment-elles ?**

ⓒ Réponds aux questions.

En 24, combien de fois 4 ? ....   En 72, combien de fois 9 ? ....

En 54, combien de fois 7 ? ....

ⓓ Complète.

64 = ... × 8   25 = 5 × .... × 7 = 42

Tu peux t'entraîner à compléter.

45 = 5 × ......   8 × ...... = 56   3 × ...... = 24   ...... × 7 = 63

29 Doubles et moitiés (nombres supérieurs à 10)

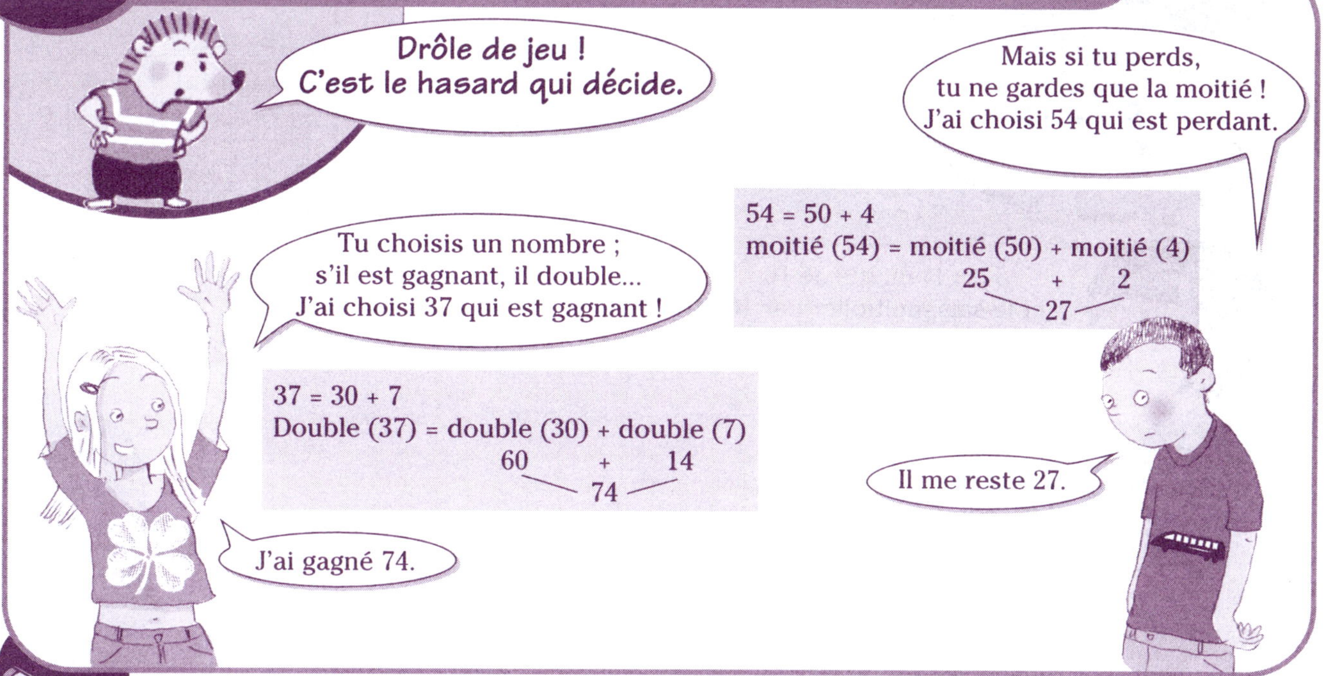

Calcule à ton tour les gains et les pertes des jeux suivants.

▸ **Gagné**

avec 38 — avec 43 — avec 55

▸ **Perdu**

avec 64 — avec 36 — avec 92

FACILE — ASSEZ DIFFICILE — DIFFICILE

Tu peux t'entraîner avec les jeux suivants.

Gagné avec : 19	28	66
Perdu avec : 34	56	72

30 Multiplier par 5

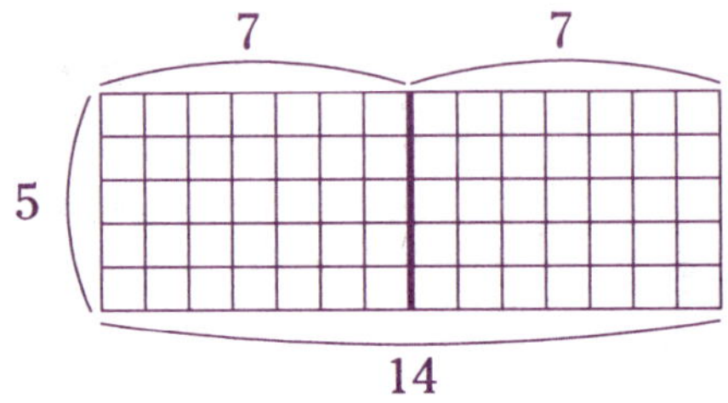

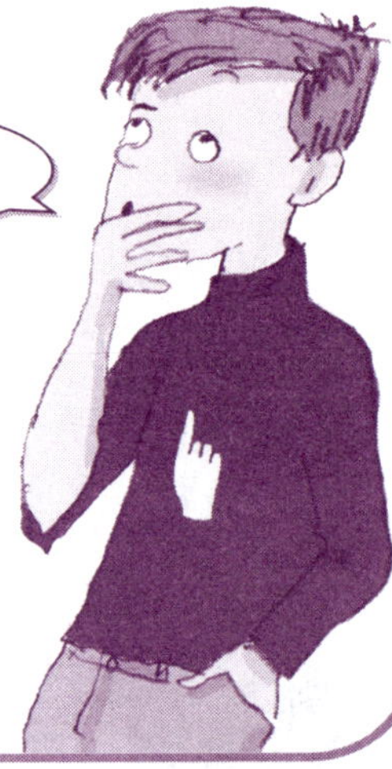

14 × 5, c'est la moitié de 14 × 10 = 140
14 × 5 = 70

14 = 7 + 7
14 × 5 = (7 × 5) + (7 × 5)
35 + 35
70

Choisis ta méthode et calcule les produits suivants.

16 × 5

32 × 5

23 × 5

17 × 5

19 × 5

48 × 5

Tu peux t'entraîner à calculer les produits suivants.

13 × 5 15 × 5 18 × 5 21 × 5 29 × 5 42 × 5

31 Multiplier par 4 et 8

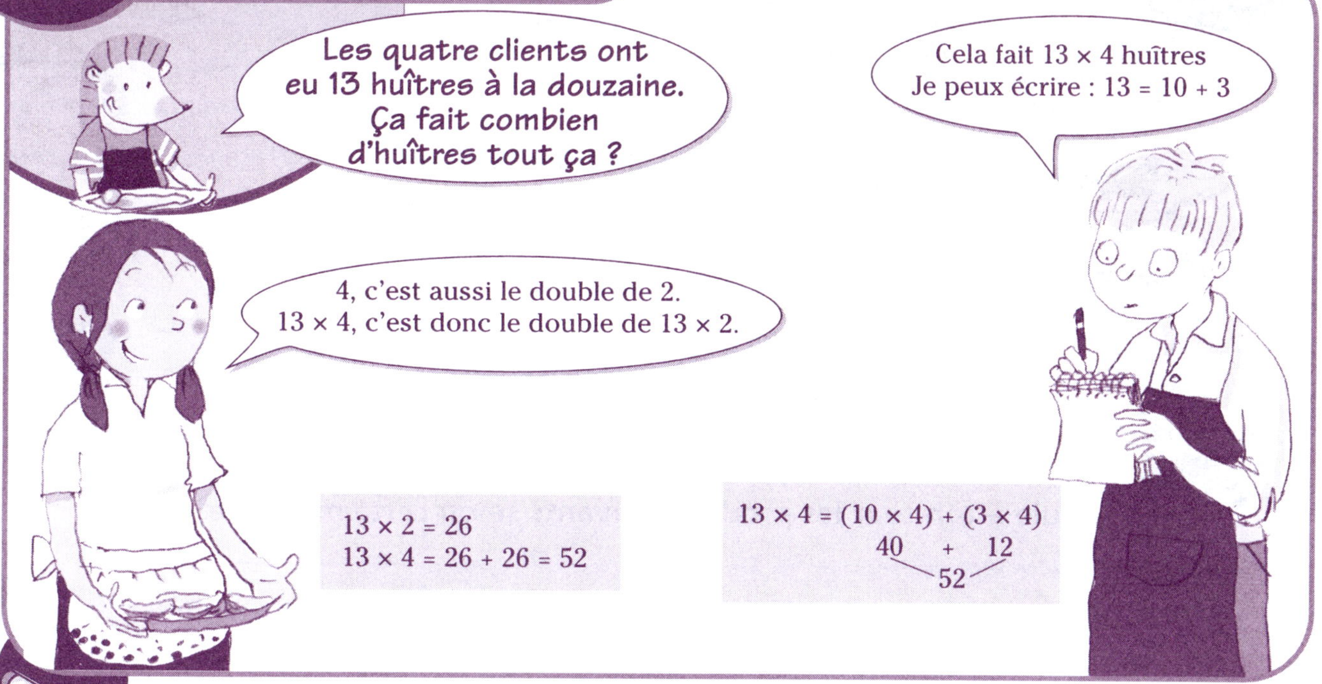

$13 \times 2 = 26$
$13 \times 4 = 26 + 26 = 52$

$13 \times 4 = (10 \times 4) + (3 \times 4)$
$40 + 12$
52

Calcule à ton tour selon la méthode qui te convient.

15 × 4	18 × 4	16 × 4
25 × 4	27 × 4	45 × 4
52 × 4	75 × 4	125 × 4

Tu peux t'entraîner à calculer avec les produits suivants.

12 × 4 14 × 4 17 × 4 26 × 4 35 × 4 62 × 4

32 Multiplier par 15

$13 \times 15 = (13 \times 10) + \text{moitié } (13 \times 10)$
$= 130 + \text{moitié de } 130$
$130 + 65 = 195$

$130 = 100 + 30$
$\text{Moitié } (130) = 50 + 15 = 65$

Calcule à ton tour les produits suivants selon cette méthode.

12 × 15	18 × 15	17 × 15
22 × 15	32 × 15	41 × 15

Tu peux t'entraîner à calculer les produits suivants.

14 × 15   15 × 15   16 × 15   19 × 15   27 × 15   34 × 15

33 Multiplier par 20, 30, 40…

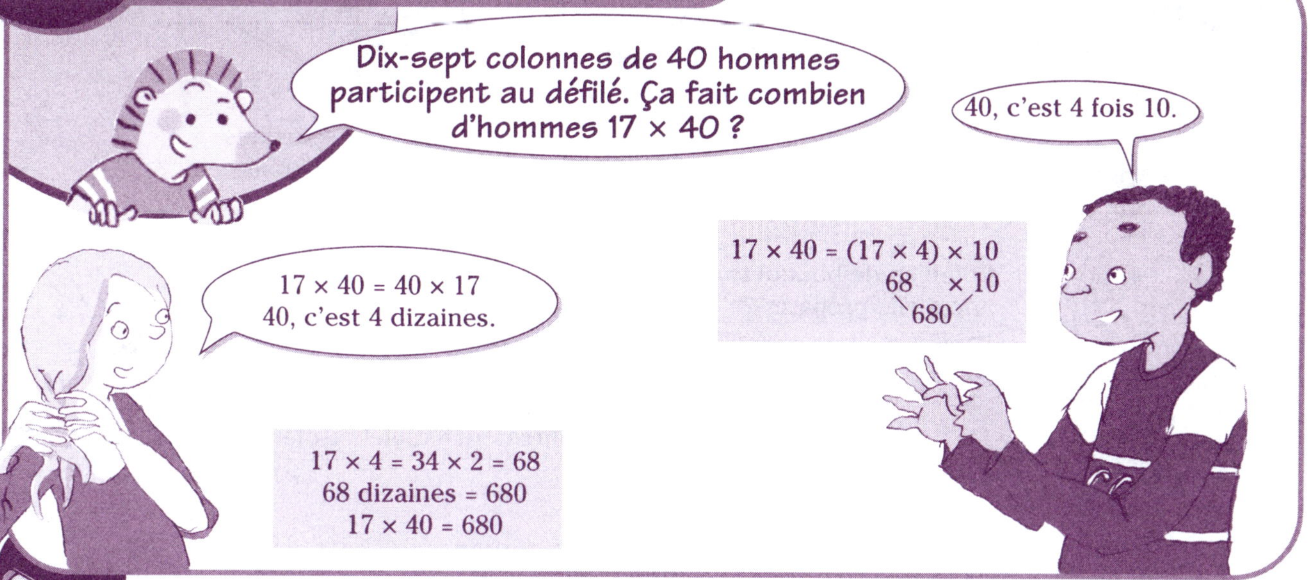

Calcule à ton tour selon la méthode de ton choix.

14 × 30

18 × 20

12 × 40

25 × 60

24 × 50

16 × 30

Tu peux t'entraîner à calculer les produits suivants.

13 × 40   15 × 60   12 × 80   14 × 50   23 × 30   27 × 60

34 Diviser par 10

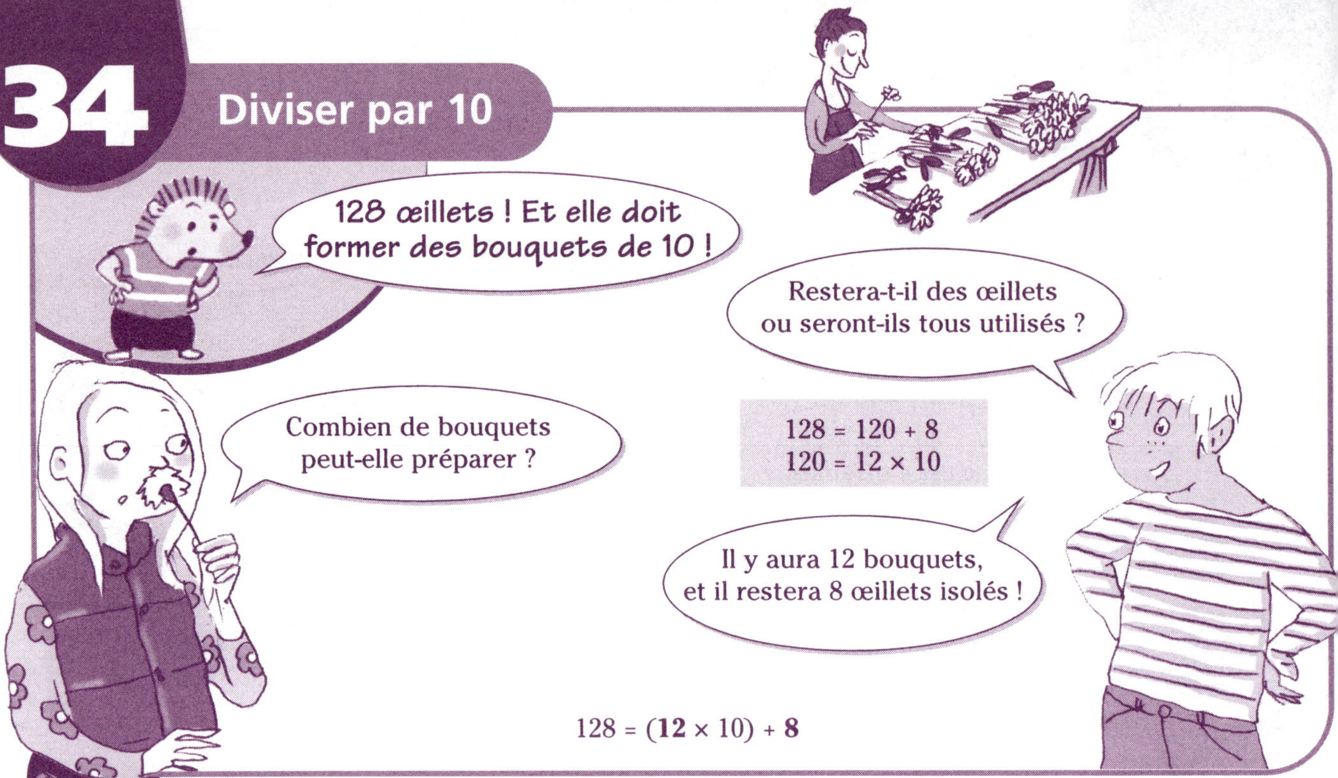

Calcule à ton tour le nombre de bouquets et le nombre d'œillets isolés lorsqu'il y a :

97 œillets

Nombre de bouquets : ....

Œillets isolés : ....

135 œillets

Nombre de bouquets : ....

Œillets isolés : ....

214 œillets

Nombre de bouquets : ....

Œillets isolés : ....

416 œillets

Nombre de bouquets : ....

Œillets isolés : ....

Tu peux t'entraîner à calculer le reste de la division par 10 des nombres suivants.

603 350 986 1 075 1 001 2 713

35 Diviser par 2

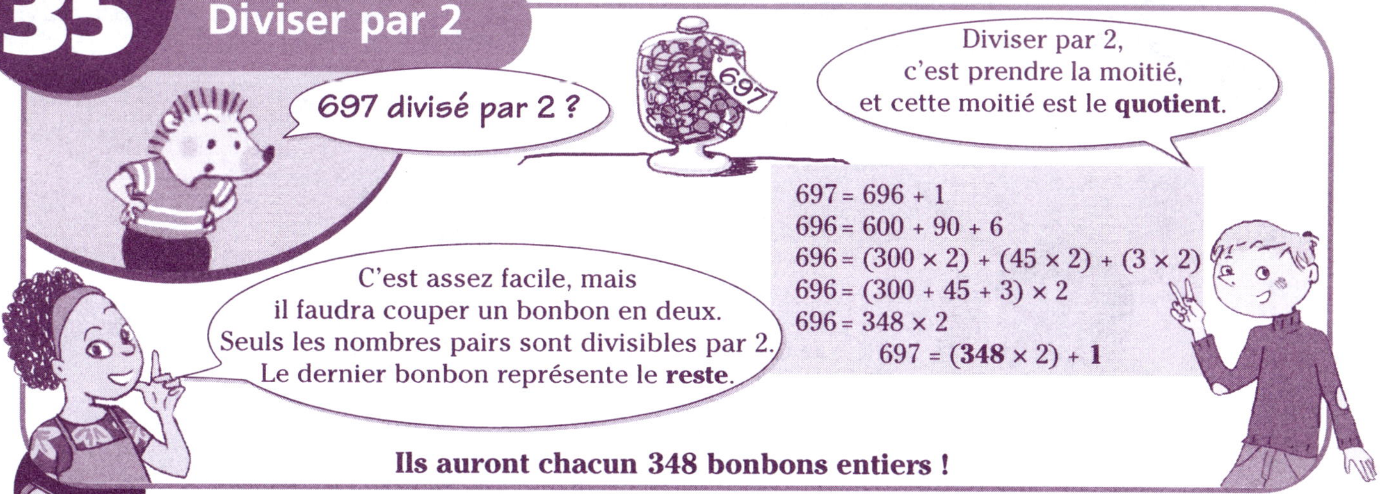

$697 = 696 + 1$
$696 = 600 + 90 + 6$
$696 = (300 \times 2) + (45 \times 2) + (3 \times 2)$
$696 = (300 + 45 + 3) \times 2$
$696 = 348 \times 2$
$697 = (\mathbf{348} \times 2) + \mathbf{1}$

Ils auront chacun 348 bonbons entiers !

Calcule à ton tour le quotient et le reste de la division par 2 des nombres suivants.

83	145	206
quotient :	quotient :	quotient : ....
reste :	reste :	reste : ....

184	359	612
quotient :	quotient :	quotient : ....
reste :	reste :	reste : ....

Tu peux t'entraîner à calculer le quotient et le reste de la division par 2 des nombres suivants.

37 142 1 047 2 486 2 611

36 Diviser par 5

(12 × 10) + 8
(24 × 5) + 5 + 3
25 × 5 + 3

128 = 100 + 25 + 3
(20 × 5) + (5 × 5) + 3
(25 × 5) + **3**

Le quotient est 25 et le reste est 3.

Calcule à ton tour le quotient et le reste de la division par 5 des nombres suivants.

92

quotient : ....
reste : ....

114

quotient : ....
reste : ....

135

quotient : ....
reste : ....

257

quotient : ....
reste : ....

861

quotient : ....
reste : ....

746

quotient : ....
reste : ....

Tu peux t'entraîner à calculer le quotient et le reste de la division par 5 des nombres suivants.

63 54 258 325 1 025 1 367 2 284

37 Diviser par un nombre d'un chiffre

$103 = 60 + 42 + 1$
$(6 \times 10) + (6 \times 7) + 1$
$(6 \times \mathbf{17}) + \mathbf{1}$

$103 = 90 + 12 + 1$
$(6 \times 15) + (6 \times 2) + 1$
$(\mathbf{6} \times 17) + 1$

Il y aura 17 boîtes pleines et un œuf tout seul dans la sienne !

(a) Résous le même problème avec :

135 œufs

246 œufs

(b) Combien d'hexagones 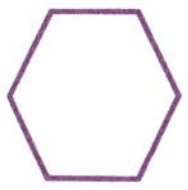 **peut-on construire avec :**

61 baguettes

565 baguettes

Tu peux t'entraîner à calculer le quotient et le reste des divisions suivantes.

83 par 4 — 167 par 3 — 231 par 6 — 645 par 8 — 147 par 7

38 Comptage de 0,5 en 0,5. De 0,25 en 0,25

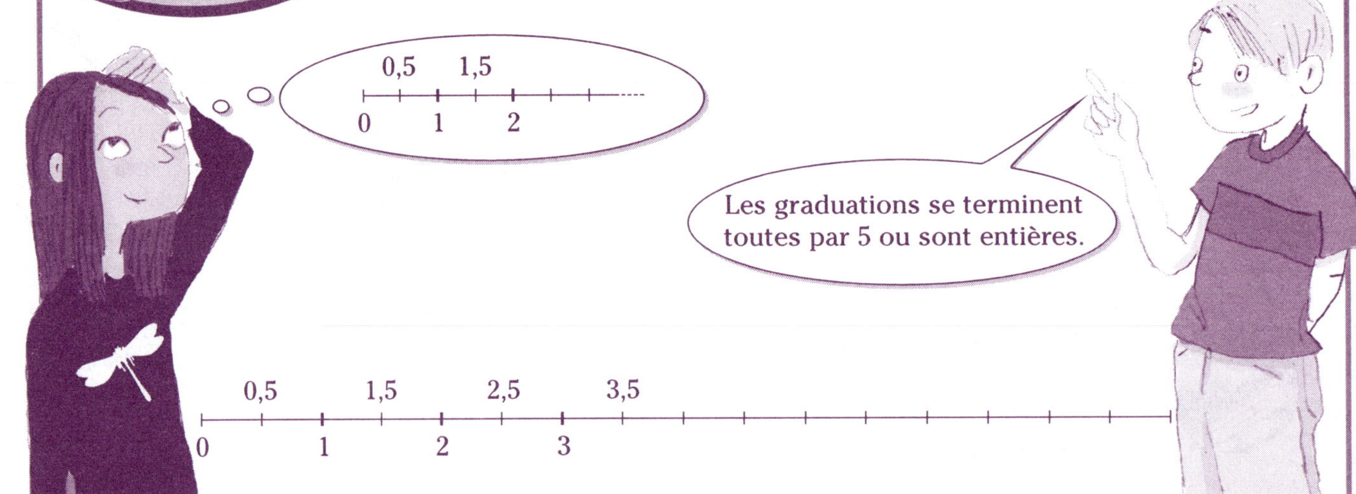

Complète les graduations de la règle.

ⓐ En comptant de 0,5 en 0,5 écris dans chaque liste les cinq nombres qui suivent.

- 0,3 0,8 1,3 ....
- 2,4 ....
- 10,25 10,75 ....

ⓑ Écris dans chaque liste les cinq nombres qui suivent en comptant de 0,25 en 0,25.

- 7,25 7,50 7,75 8 ....
- 99,5 99,75 ....
- 0,05 0,030 ....

Tu peux continuer à compter.

- En comptant de 0,5 en 0,5, écris les cinq nombres qui suivent **18,3**.
- En comptant de 0,25 en 0,25, écris les cinq nombres qui suivent **9,15**.

39 Multiplier un décimal par 10, par 100

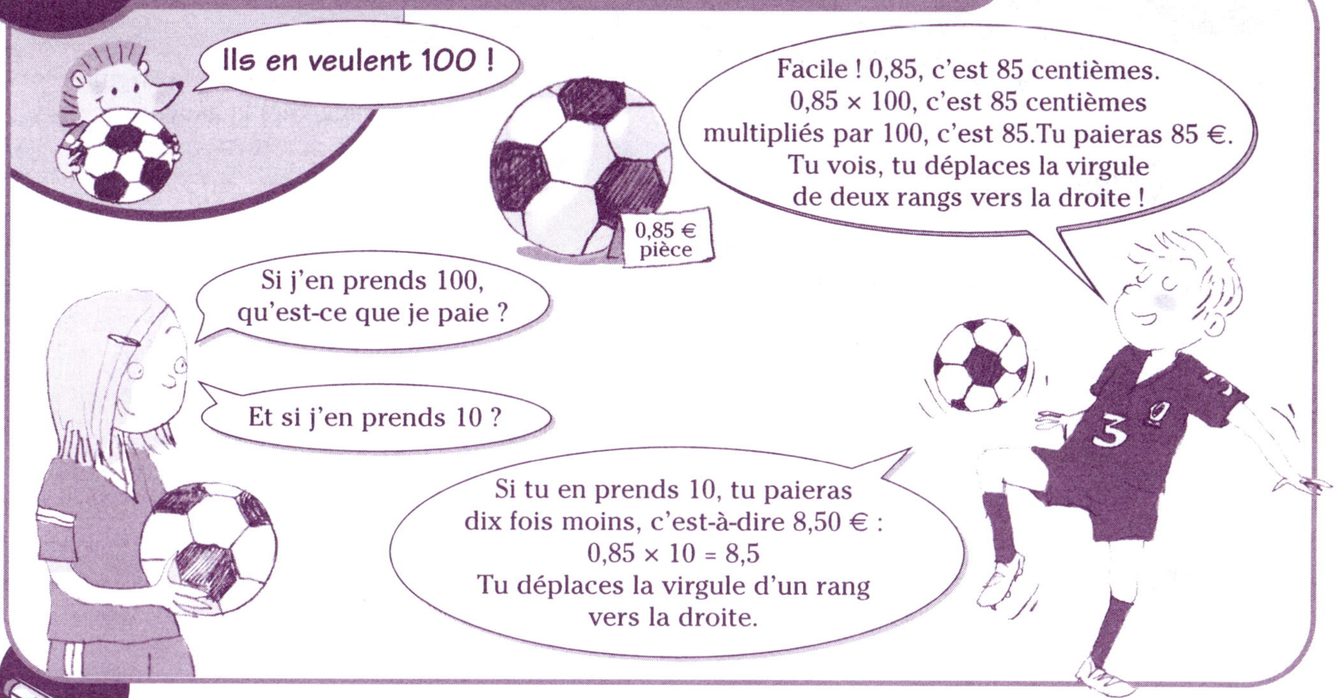

Effectue les produits suivants.

0,42 × 100	0,05 × 100	1,23 × 100
1,4 × 100	3,06 × 100	12,15 × 100
0,55 × 10	0,05 × 10	15,4 × 10

Tu peux t'entraîner à effectuer les produits suivants.

0,4 × 100   0,65 × 100   20,5 × 100   3,25 × 10   5,3 × 10   7,05 × 10

40 Diviser un décimal par 10, par 100

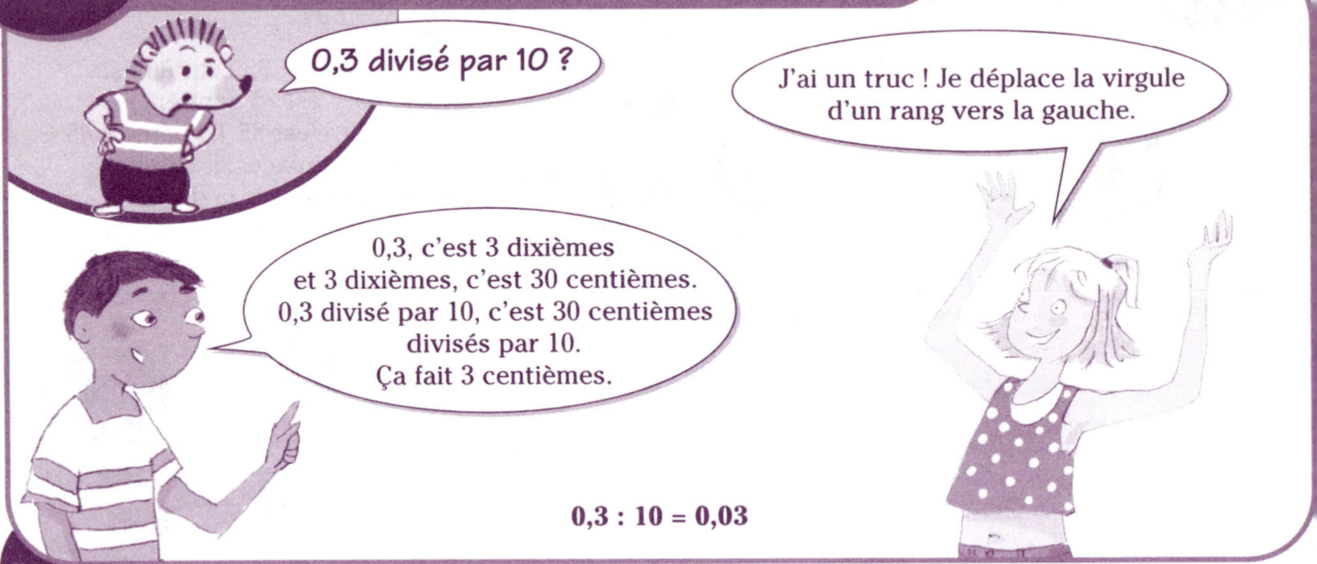

ⓐ Calcule à ton tour.

0,5 : 10

0,24 : 10

0,05 : 10

5,7 : 10

6,35 : 10

13 : 10

ⓑ 5, c'est 500 centièmes. 5 divisé par 100, c'est 500 centièmes divisés par 100. Ce qui fait 5 centièmes. **5 : 100 = 0,05**.

Calcule à ton tour.

8 : 100

15 : 100

205 : 100

Tu peux t'entraîner à calculer les divisions suivantes.

1,4 : 10   0,2 : 10   30,5 : 10   25 : 100   10 : 100   10 : 100

41 Double d'un décimal

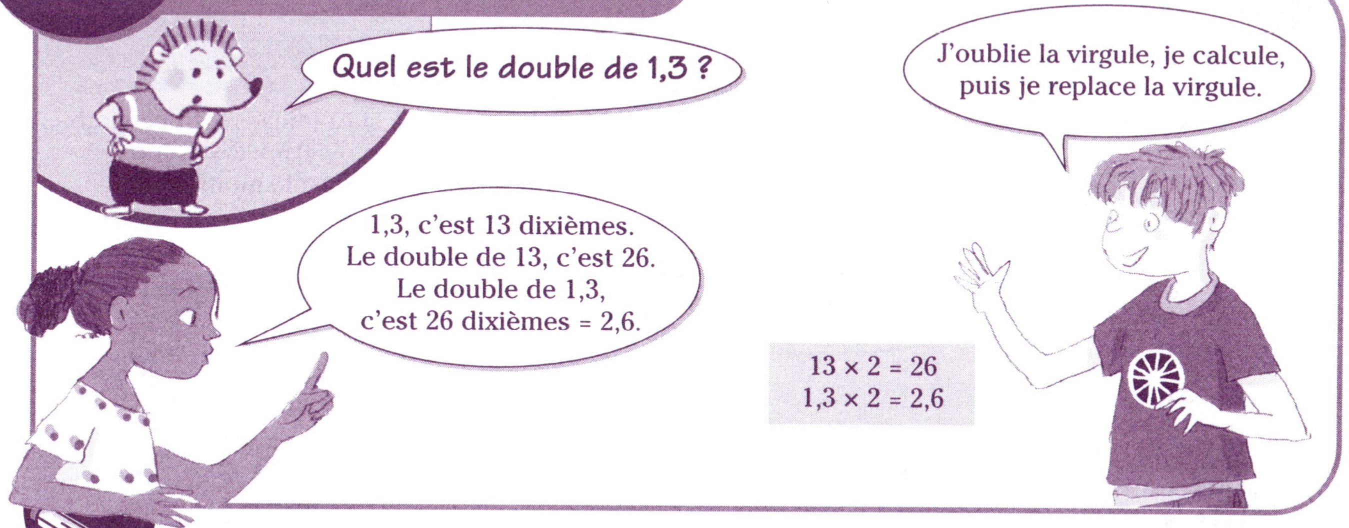

Calcule à ton tour.

2,5 × 2

3,4 × 2

10,5 × 2

0,3 × 2

0,25 × 2

0,04 × 2

0,08 × 2

12,4 × 2

9,75 × 2

FACILE

ASSEZ DIFFICILE

DIFFICILE

Tu peux t'entraîner à calculer.

0,8 × 2 0,42 × 2 1,3 × 2 3,6 × 2 5,06 × 2 15,25 × 2

42 Moitié et quart des nombres entiers

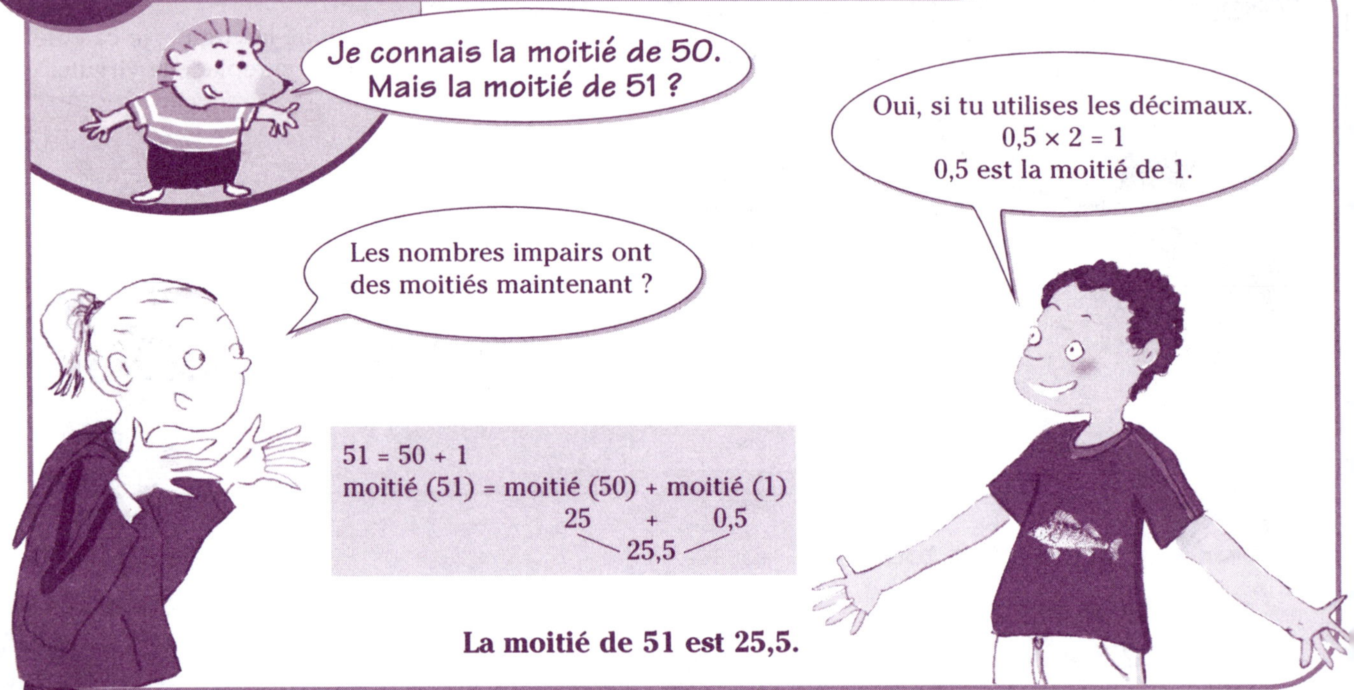

51 = 50 + 1
moitié (51) = moitié (50) + moitié (1)
25 + 0,5 = 25,5

La moitié de 51 est 25,5.

ⓐ Calcule la moitié de :

7 | 15 | 9

ⓑ Le quart, c'est la moitié de la moitié. Calcule le quart de :

10 | 5 | 6

Tu peux t'entraîner à calculer :

- la moitié de : 3 13 55
- le quart de : 14 18 3

43 Jeux de nombres (1)

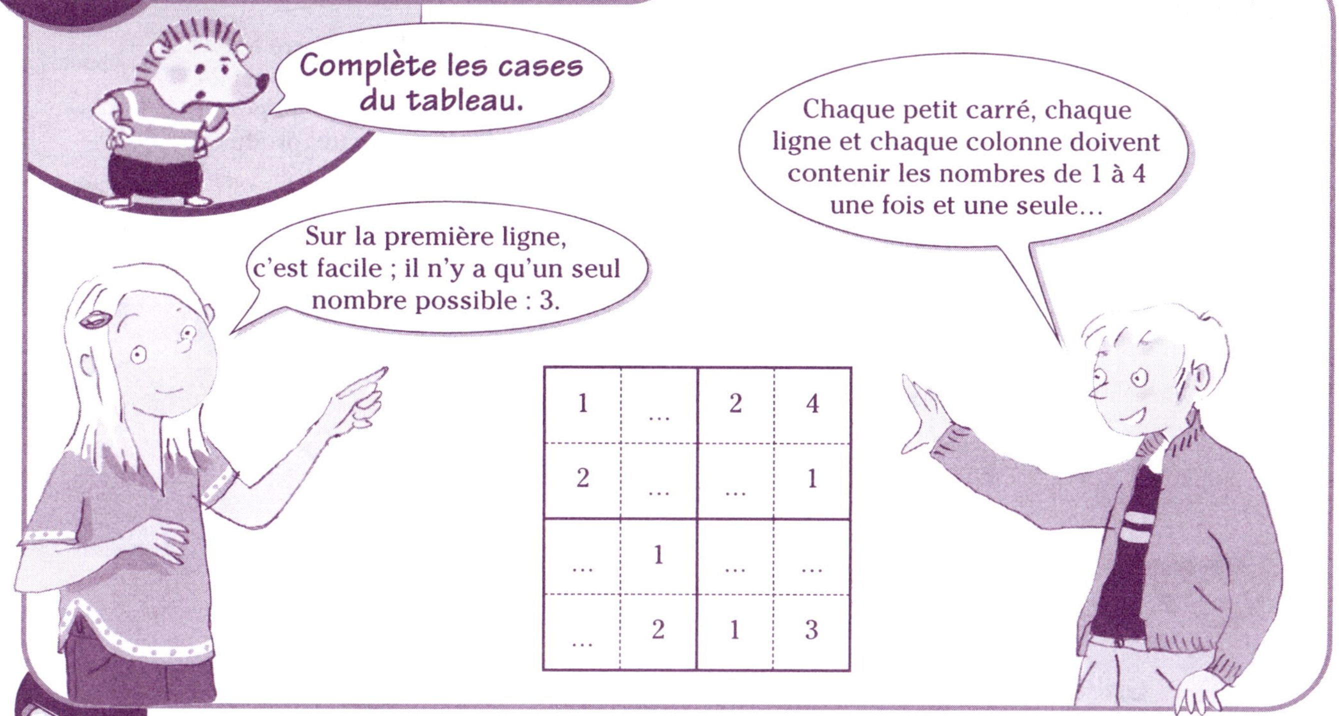

1	…	2	4
2	…	…	1
…	1	…	…
…	2	1	3

Complète.

ⓐ

.....	2	3	.....
3	.....	.....	2
.....	3	4	.....
.....	1	.....	3

ⓑ

.....	.....	.....	4
2	4	.....	.....
.....	.....	4	2
.....	2	3	.....

ⓒ

3	.....	.....	.....
2	4	.....	3
.....	.....	4	2
.....	.....	.....	1

ⓓ

4	.....	.....	3
.....	3	4	.....
3	.....	.....	2
.....	2	3	.....

44 Jeux de nombres (2)

Dans la grille, je barre les nombres dont le produit est 24. Ensuite, je la complète pour obtenir de nouveaux produits égaux à 24.

J'observe.

24	3	4
1	6	2
…	…	8

Je barre.

24	~~3~~	~~4~~
1	~~6~~	2
…	…	~~8~~

Je complète.

24	~~3~~	~~4~~
1	~~6~~	2
24	12	~~8~~

À toi de jouer avec les grilles suivantes !

Grille de 60

60	30	5
.....	6	.....
4	12	10

Grille de 72

72	9	.....
12	18	4
6	.....	36

Grille de 40

40	1	20
8	.....	10
.....	4	5

Grille de 150

150	75	3
	5	25
30	.....	6

Grille de 140

140	35	.....
5	10	7
28	.....	4

Grille de 84

84	7	28
4	.....	21
12	.....	2

45 Jeux de nombres (3)

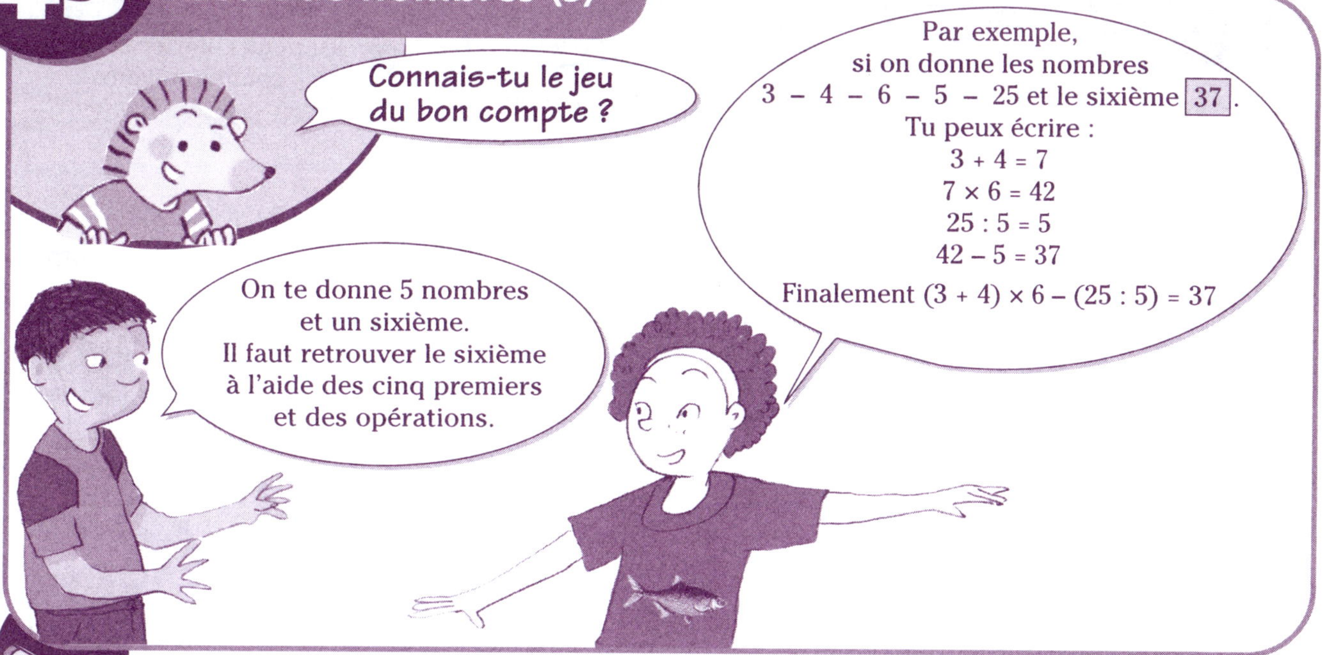

À toi de jouer avec les nombres proposés !

ⓐ 2 – 5 – 7 – 8 – 10 **45**.

ⓒ 1 – 3 – 12 – 15 – 21 **155**.

ⓑ 4 – 7 – 9 – 13 – 63 **41**.

ⓓ 7 – 10 – 12 – 58 – 100 **707**.

46 Jeux de nombres (4)

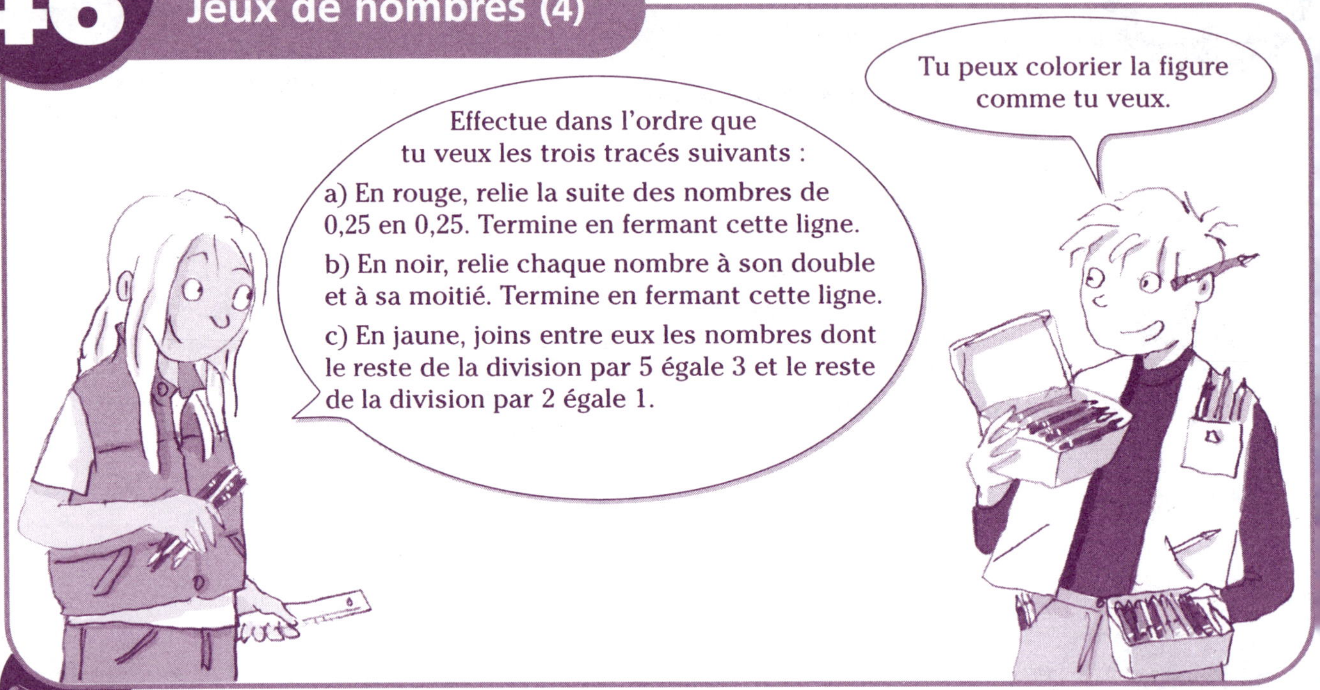

Trace, puis colorie.

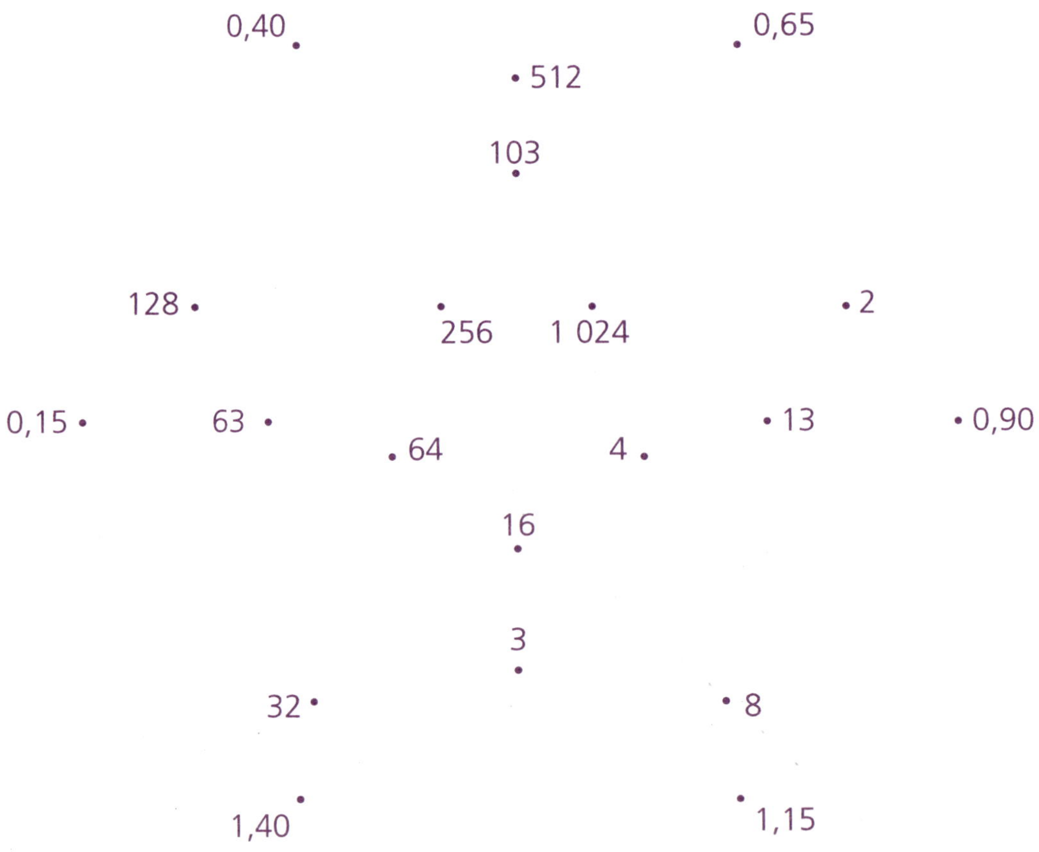

Imprimé en Italie par Rotolito Lombarda S.p.A.
Dépôt légal: Août 2008